海上絲綢之路基本文獻叢書

皇明象胥録（下）

〔明〕茅瑞徵 撰

文物出版社

圖書在版編目（CIP）數據

皇明象胥録. 下 /（明）茅瑞徵撰. -- 北京 : 文物出版社, 2022.6
（海上絲綢之路基本文獻叢書）
ISBN 978-7-5010-7555-3

Ⅰ. ①皇… Ⅱ. ①茅… Ⅲ. ①邊疆地區－史料－中國－明代 Ⅳ. ①K928.1

中國版本圖書館 CIP 數據核字（2022）第 065628 號

海上絲綢之路基本文獻叢書
皇明象胥録（下）

著　　者：〔明〕茅瑞徵
策　　划：盛世博閲（北京）文化有限責任公司

封面設計：鞏榮彪
責任編輯：劉永海
責任印製：張道奇

出版發行：文物出版社
社　　址：北京市東城區東直門内北小街 2 號樓
郵　　編：100007
網　　址：http://www.wenwu.com
郵　　箱：web@wenwu.com
經　　銷：新華書店
印　　刷：北京旺都印務有限公司
開　　本：787mm×1092mm　1/16
印　　張：10.5
版　　次：2022 年 6 月第 1 版
印　　次：2022 年 6 月第 1 次印刷
書　　號：ISBN 978-7-5010-7555-3
定　　價：90.00 圓

總緒

海上絲綢之路，一般意義上是指從秦漢至鴉片戰争前中國與世界進行政治、經濟、文化交流的海上通道，主要分爲經由黄海、東海的海路最終抵達日本列島及朝鮮半島的東海航綫和以徐聞、合浦、廣州、泉州爲起點通往東南亞及印度洋地區的南海航綫。

在中國古代文獻中，最早、最詳細記載『海上絲綢之路』航綫的是東漢班固的《漢書·地理志》，詳細記載了西漢黄門譯長率領應募者入海『齎黄金雜繒而往』之事，書中所出現的地理記載與東南亞地區相關，并與實際的地理狀况基本相符。

東漢後，中國進入魏晉南北朝長達三百多年的分裂割據時期，絲路上的交往也走向低谷。這一時期的絲路交往，以法顯的西行最爲著名。法顯作爲從陸路西行到印度，再由海路回國的第一人，根據親身經歷所寫的《佛國記》（又稱《法顯傳》）一書，詳細介紹了古代中亞和印度、巴基斯坦、斯里蘭卡等地的歷史及風土人情，是瞭解和研究海陸絲綢之路的珍貴歷史資料。

隨着隋唐的統一，中國經濟重心的南移，中國與西方交通以海路爲主，海上絲綢之路進入大發展時期。廣州成爲唐朝最大的海外貿易中心，朝廷設立市舶司，專門管理海外貿易。唐代著名的地理學家賈耽（七三〇～八〇五年）的《皇華四達記》記載了從廣州通往阿拉伯地區的海上交通『廣州通夷道』，詳述了從廣州港出發，經越南、馬來半島、蘇門答臘半島至印度、錫蘭，直至波斯灣沿岸各國的航綫及沿途地區的方位、名稱、島礁、山川、民俗等。譯經大師義净西行求法，將沿途見聞寫成著作《大唐西域求法高僧傳》，詳細記載了海上絲綢之路的發展變化，是我們瞭解絲綢之路不可多得的第一手資料。

宋代的造船技術和航海技術顯著提高，指南針廣泛應用於航海，中國商船的遠航能力大大提升。北宋徐兢的《宣和奉使高麗圖經》詳細記述了船舶製造、海洋地理和往來航綫，是研究宋代海外交通史、中朝友好關係史、中朝經濟文化交流史的重要文獻。南宋趙汝適《諸蕃志》記載，南海有五十三個國家和地區與南宋通商貿易，形成了通往日本、高麗、東南亞、印度、波斯、阿拉伯等地的『海上絲綢之路』。宋代爲了加强商貿往來，於北宋神宗元豐三年（一〇八〇年）頒佈了中國歷史上第一部海洋貿易管理條例《廣州市舶條法》，并稱爲宋代貿易管理的制度範本。

元朝在經濟上採用重商主義政策，鼓勵海外貿易，中國與歐洲的聯繫與交往非常頻繁，其中馬可·波羅、伊本·白圖泰等歐洲旅行家來到中國，留下了大量的旅行記，記録元代海上絲綢之路的盛况。元代的汪大淵兩次出海，撰寫出《島夷志略》一書，記録了二百多個國名和地名，其中不少首次見於中國著録，涉及的地理範圍東至菲律賓群島，西至非洲。這些都反映了元朝時中西經濟文化交流的豐富内容。

明、清政府先後多次實施海禁政策，海上絲綢之路的貿易逐漸衰落。但是從明永樂三年至明宣德八年的二十八年裏，鄭和率船隊七下西洋，先後到達的國家多達三十多個，在進行經貿交流的同時，也極大地促進了中外文化的交流，這些都詳見於《西洋蕃國志》《星槎勝覽》《瀛涯勝覽》等典籍中。

關於海上絲綢之路的文獻記述，除上述官員、學者、求法或傳教高僧以及旅行者的著作外，自《漢書》之後，歷代正史大都列有《地理志》《四夷傳》《西域傳》《外國傳》《蠻夷傳》《屬國傳》等篇章，加上唐宋以來衆多的典制類文獻、地方史志文獻，集中反映了歷代王朝對於周邊部族、政權以及西方世界的認識，都是關於海上絲綢之路的原始史料性文獻。

海上絲綢之路概念的形成，經歷了一個演變的過程。十九世紀七十年代德國地理學家費迪南·馮·李希霍芬（Ferdinad Von Richthofen，一八三三～一九〇五），在其《中國：親身旅行和研究成果》第三卷中首次把輸出中國絲綢的東西陸路稱爲『絲綢之路』。有『歐洲漢學泰斗』之稱的法國漢學家沙畹（Édouard Chavannes，一八六五～一九一八），在其一九〇三年著作的《西突厥史料》中提出『絲路有海陸兩道』，蘊涵了海上絲綢之路最初提法。迄今發現最早正式提出『海上絲綢之路』一詞的是日本考古學家三杉隆敏，他在一九六七年出版《中國瓷器之旅：探索海上的絲綢之路》中首次使用『海上絲綢之路』一詞；一九七九年三杉隆敏又出版了《海上絲綢之路》一書，其立意和出發點局限在東西方之間的陶瓷貿易與交流史。

二十世紀八十年代以來，在海外交通史研究中，『海上絲綢之路』一詞逐漸成爲中外學術界廣泛接受的概念。根據姚楠等人研究，饒宗頤先生是華人中最早提出『海上絲綢之路』的人，他的《海道之絲路與昆侖舶》正式提出『海上絲路』的稱謂。選堂先生評價海上絲綢之路是外交、貿易和文化交流作用的通道。此後，大陸學者馮蔚然在一九七八年編寫的《航運史話》中，使用『海上絲綢之路』一詞，這是迄今學界查到的中國大陸最早使用『海上絲綢之路』的人，更多地限於航海活動領域的考察。一九八〇年北京大學陳炎教授提出『海上絲綢之路』研究，并於一九八一年發表《略論海上絲綢之路》一文。他對海上絲綢之路的理解超越以往，且帶有濃厚的愛國主義思想。陳炎教授之後，從事研究海上絲綢之路的學者越來越多，尤其沿海港口城市向聯合國申請海上絲綢之路非物質文化遺産活動，將海上絲綢之路研究推向新高潮。另外，國家把建設『絲綢之路經濟帶』和『二十一世紀海上絲綢之路』作爲對外發展方針，將這一學術課題提升爲國家願景的高度，使海上絲綢之路形成超越學術進入政經層面的熱潮。

與海上絲綢之路學的萬千氣象相對應，海上絲綢之路文獻的整理工作仍顯滯後，遠遠跟不上突飛猛進的研究進展。二〇一八年厦門大學、中山大學等單位聯合發起『海上絲綢之路文獻集成』專案，尚在醞釀當中。我們不揣淺陋，深入調查，廣泛搜集，將有關海上絲綢之路的原始史料文獻和研究文獻，分爲風俗物産、雜史筆記、海防海事、典章檔案等六個類别，彙編成《海上絲綢之路歷史文化叢書》，於二〇二〇年影印出版。此輯面市以來，深受各大圖書館及相關研究者好評。爲讓更多的讀者親近古籍文獻，我們遴選出前編中的菁華，彙編成《海上絲綢之路基本文獻叢書》，以單行本影印出版，以饗讀者，以期爲讀者展現出一幅幅中外經濟文化交流的精美畫卷，爲海上絲綢之路的研究提供歷史借鑒，爲『二十一世紀海上絲綢之路』倡議構想的實踐做好歷史的詮釋和注脚，從而達到『以史爲鑒』『古爲今用』的目的。

凡例

一、本編注重史料的珍稀性，從《海上絲綢之路歷史文化叢書》中遴選出菁華，擬出版百册單行本。

二、本編所選之文獻，其編纂的年代下限至一九四九年。

三、本編排序無嚴格定式，所選之文獻篇幅以二百餘頁爲宜，以便讀者閱讀使用。

四、本編所選文獻，每種前皆注明版本、著者。

五、本編文獻皆爲影印，原始文本掃描之後經過修復處理，仍存原式，少數文獻由於原始底本欠佳，略有模糊之處，不影響閱讀使用。

六、本編原始底本非一時一地之出版物，原書裝幀、開本多有不同，本書彙編之後，統一爲十六開右翻本。

目録

皇明象胥録（下）

皇明象胥録（下）

卷七至卷八

〔明〕茅瑞徵 撰

明崇禎茅氏芝園刻本

皇明象胥録七

歸安茅瑞徵伯符撰

西域

西域諸國並在匈奴西度玉門陽關率土著有城郭田畜初並役屬匈奴匈奴月逐王轄西邊置僮僕都尉領西域賦稅取給焉至漢武帝時張騫始開其跡通漢及貳師將軍伐大宛西域震恐遣使貢獻而日逐王畔單于來降漢益置都護督察諸國以屯田校尉屬都護元帝增置戊己校尉屯田

車師前王庭西域服從本三十六國哀平間相分割爲五十五王莽簒後更屬匈奴歷六十五載至明帝復通永元中班超定西域并擊破焉耆於是五十餘國悉納質内屬越海外四萬里皆重譯至超遣掾甘英窮西海即前世山經所未詳靡不備傳珎怪安帝復棄西域屬北匈奴延光二年以班超子勇爲長史西屯柳中因破平車師降焉耆于是龜兹疏勒于闐莎車等十七國並附而烏孫葱嶺以西遂絶魏晉後互吞滅至後魏太延中存十

六國龜茲疏勒烏孫悅般渴槃陁鄯善焉耆車師粟持等九國並遣使來獻太武令散騎侍郎董琬等多齎金帛出鄯善招撫厚賜之十六國相繼至隋煬帝時遣侍御史韋節等使西蕃諸國至罽賓得瑪瑙盃王舍城得佛經史國得十舞女師子皮火鼠毛而還復令聞喜公裴矩於武威張掖間轉相風諭大業中相率來朝者四十餘國爲置西戎較尉而天竺拂菻獨不至唐太宗執焉耆拔龜茲遂平西域遣使分行諸國詔許敬宗與史官譔西

域圖志而諸國萬里修貢盍百餘中朝報贈册書
東至高麗南至真臘西至波斯吐蕃堅昆北至突
厥契丹靺鞨號曰八蕃其外爲絕域可謂全盛亘
古所未有也宋世不逞遠略史載西域通中國者
天竺于闐高昌回鶻大食層檀龜茲莎州拂菻九
國餘無聞焉　明興四夷賓服
高皇帝西畫玉門關爲界永樂初封哈密領西域
職貢有天方等三十八國十二年命吏部員外郎
陳誠使西域經十七國還上使西域記而關外諸

國風土習俗益犂然矣是後貢獻或至或否今備
録之以志即敘之盛若乃西南海夷不取道嘉峪
及哈密吐蕃重煩經略者别有傳

土魯番

土魯番一曰土爾番在火州西百里漢車師前王
地車師前王居交河城以河水分流繞城因名焉
唐置西州交河郡且析以爲縣有安樂城方一二
里地曠衍四面皆山城西二十里崖見城可二里
居民百餘家相傳故交河縣治也永樂十一年遣

吏部員外郎陳誠使西域十三年土魯番遣使隨
誠入貢授酋長都督都指揮等官宣德五年都督
僉事尹吉兒察及指揮僉事猛哥帖木兒等率其
衆來朝請留京師　賜居苐什器歷正統天順土
魯番朝貢不絕成化初速檀阿力寖强速檀華言
王也數引兵掠哈密九年遂入其城虜王母及金
印去阿力死子阿黑麻嗣阿黑麻死子滿速兒嗣
相繼擾哈密及赤斤諸衛是時夷酋所親信牙木
蘭娶哈密人火辛哈卽女與寫亦虎仙妻爲女兒

弟陰相搆結正統八年至誘忠順王拜牙即走匿而以火者他只丁入哈密居守巡撫都御史趙鑑謬謂番夷信義可使犒以金繒明年土魯番遂索萬幣贖城印躪肅州嘉靖初兵部尚書王瓊招撫稍戢語具哈密傳十一年土魯番速壇滿速兒天方國速壇札剌丁撒馬兒罕速壇阿卜寫亦哈密都督米兒馬黒木及額即乩哈辛等各遣使入貢共四千人禮部言哈密貢期同朶顔三衛 祖制三衛皆許入京哈密則十人起送二人今西域諸

夷遠在萬里素非屬國而夷使過倍番文二百餘
通皆以索牙木蘭爲辭且求賞不貲似借端窺伺
邊臣違例起送非法至額卽飢哈辛乃韃靼回夷
向未入貢今亦遣五十餘人疑並土魯番部落所
託請下督撫分別存留以尊國體
上可其奏明年土魯番使虎力奶翁等以甘肅內
臣縱僕橫恣勦部　勑遣大理寺少卿蔡經同科
臣錦衣各一員詣甘肅會督按官查勘降罰有差
久之滿速兒死子沙速檀嗣次子馬黒麻復據哈

密占種沙州二十四年遣使求貢并給地住牧總督都御史張珩以聞兵部議土魯番世濟兇惡今馬黑麻結婚乜剌潛耕屬衛意在踵轍内訌以謀泄求款恐爲窺伺甘凉之漸宜諭以華夷界限無妄乞無盜種無殘哈密無苛貢夷乃許通使如其執迷請即閉關聲討明年馬黑麻赴關納款而土魯番貢使火者阿力克等凡八百七十四人扣嘉峪關巡撫都御史傅鳳翔總兵仇鸞居之甘州先是土魯番撒馬兒罕哈密諸夷每假進貢留京商

販延至三四年有旨禁諸夷私出館貿易勒期遣
還仍詔土魯番五年一貢貢使除量准赴京半留
肅州半留甘州其後諸夷貢不如期且併居稱雜
屬楊博代鳳翔疏請
上裁命量准百名存留甘肅聽減半給賞餘諭出
關仍奪鳳翔等俸有差嘉靖末沙速檀潛掠北虜
中流矢死弟馬速嗣請貢許之隆慶時馬速死馬
黑麻嗣其弟瑣非等並遣使來貢禮部言一姓四
使非令甲所載姑各附一使於馬黑麻使中示羈

虜無拂逺人嚮順意報可始廿肅無北虜患專防
西夷土魯番最奸狡自阿力以來皆挾哈密邀利
隆慶後不復言哈密事土魯番頗息肩而海虜轉
熾甘凉間其俗傑㑺鮮雨雪宜麻麥饒瓜果羊馬
室居奉佛多僧寺往陳誠使至其國還言城西北
百里有靈山最大夷人言此十萬羅漢涅槃處也
近山有高臺旁寺攡石臬林木從此入山行二十
里至一峽南有小土屋從屋南登山坡得石屋奉
小佛像五前有池池東山石青黒逺望紛如毛髪

夷人言此十萬羅漢洗頭削髮處也緣峽東南行六七里登高崖崖下小山纍纍峯巒秀削其下白石成堆似玉輕脆不可握堆中有若人骨狀堅如石色澤明潤夷人言此十萬羅漢靈骨也又東下石崖得石筍迸出如手足稍南至山坡石復瑩潔如玉夷人言此辟支佛涅槃處也周行羣山約二十餘里悉五色砂石光熠灼人四面峻壑窮崖天巧奇絕然寡草木亦鮮鳥獸自誠使後土魯番漸張旁嚙諸國及關外七衛地廣人庶眎昔懸絕矣

弘治中經略嘗罷其貢嘉靖二年後貢期以五年有駝馬玉石鑌鐵金剛鑽梧桐鹻硇青撒哈剌禪衣諸物萬曆中並來貢計土魯番去哈密凡千里其鄰近爲火州柳城黑婁

火州

火州漢車師前後王地也自元帝置戊已二校尉屯田車師前王庭和帝時班超定西域復置校尉領兵五百人居車師前部高昌壁以地勢高敞得名後魏初闞伯周自稱高昌王併於麹嘉唐貞觀

中平其國置西州及都督府而西突厥據車師後
王鬼尋以來降置庭州領蒲類等縣其後西州陷
吐蕃有回鶻雜居亦稱西州回鶻宋時屢遣使貢
獻太宗遣供奉官王延德等使高昌經皇鄉嶺歷
伊州乃至地極熱產五穀惟無蕎麥出貂鼠白氎
繡文花蕋布赤白鹽蒲桃酒樂多琵琶箜篌俗好
騎射婦人戴油帽謂之蘇幕遮用開元七年曆以
三月九日爲寒食激水交潑爲戲佛寺皆唐賜額
其國師子王避暑北庭山中出硇砂嘗有煙氣涌

起至夕光焰若炬火照見禽鼠皆赤疑所錄稱火
州者也元號畏兀兒隸馬哈木八　國朝號火州
城方十餘里東七十里距柳陳城西百里爲土魯
番永樂七年嘗遣使朝貢十二年吏部員外郎陳
誠使至言其國風土蕭條民居僧堂參半皆零落
東有荒城故址即古高昌國治漢西域長史戊巳
較尉所居處宣德五年火州王哈散偕土魯番萬
戸賽因帖木兒柳東城萬戸尾赤刺並貢馬及玉
璞爾後朝貢止稱土魯番云其域東距哈密西連

亦力把力南接于闐北抵瓦剌東南至肅州一月程

柳陳

柳陳一名魯陳亦曰柳城漢名柳中延光二年以班勇爲西域長史將弛刑士五百人西屯柳中遂破車師即其地也唐平高昌置柳中縣屬西州交河郡去哈密千里中經大川砂磧無水草馬牛過此輙死大風倏起人馬相失道傍堆骸骨白日鬼魅迷行人夷中謂之旱海出川西行至流沙河上

有小岡云風捲浮沙所積道北火熖山色如火城方二三里四面多田園流水環繞灌木苓蔚候煖俗醇宜稌麥麻豆有小蒲萄甘甜無核名鎖子蒲萄人二種回回男子削髮戴小罩剌婦女白衣裹頭畏兀兒男子椎髻婦人蒙皁布垂髻於額大抵皆胡服

黑婁

黑婁在嘉峪關西延土魯番世締好黑婁夷貢從土魯番入其地男女山水草木禽獸並黑宣德七

年始遣使朝貢

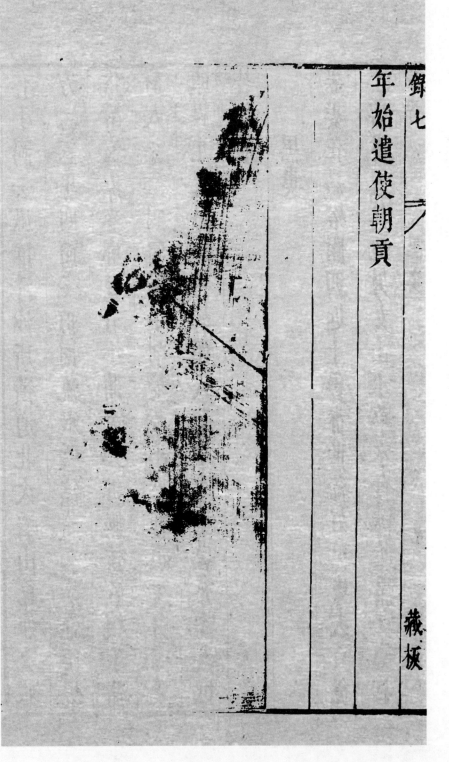

于闐

于闐國東西五千里南北千里在沙州西南去葱嶺二百里大略葱嶺以南其國撒馬兒罕最大以北于闐最大于闐有河北流與葱嶺河合東注蒲昌海所名鹽澤南出積石爲河源者也其西水皆西流注西海國人每歲秋取玉於河曰撈玉夜眎月光盛處索美玉必得焉河分爲三有白玉綠玉黑玉之别土宜五穀桑麻釀蒲萄酒甚美俗機巧事妖神西五百里有比摩寺云是老子化胡成佛

錄七　藏板

之所自高昌以西國人深目高鼻惟于闐貌不甚
類胡亦稍知禮節相見輒跪得問遺書戴于首乃
發之自漢武帝以來中國詔書符節傳以相授工
紡織喜歌舞善鑄銅器以木爲筆玉爲印漢建武
末莎車王賢攻幷于闐徙其王俞林爲驪歸王後
于闐將休莫霸自立傳兄子廣德遂滅莎車彊
盛順帝永建六年于闐王遣侍子詣闕貢獻梁天
監九年始通江左十三年獻波羅婆步障隋大業
中頻朝貢其王以王爲氏唐貞觀六年遣使貢獻

王姓尉遲阿史那社爾旣平龜茲勸于闐王伏闍信入朝上元初以其地爲毗沙都督府安史亂後不復至石晉天福中其王李聖天自稱唐宗屬遣使來貢紅鹽鬱金諸物冊爲大寶于闐國王宋建隆二年貢圭一以玉爲柙乾德三年僧善名善法來朝賜紫衣四年王言破疏勒國得舞象一欲以爲貢詔許之天聖三年貢玉帶胡錦獨峰槖駝詔給還其直嘉祐八年以其國王爲特進歸忠保順斫鱗黑韓王從所請也于闐謂金翅鳥爲斫鱗黑

韓荅可汗之訛云訖宣和數朝貢永樂六年其酋
打魯哇亦不剌金遣使貢玉璞十二年吏部員外
郎陳誠至其國見偏隣境頗单弱人民僅萬計皆
避居山谷間惟火州魯陳哈失哈力阿力稍有城
邑永樂後西戎修貢不敢相攻始獲休息行賈諸
番國益饒冨始于闐貢使每來必携一寳璫往反
賜之鐵璫耳云其來道流沙踰三月程無薪水獨
挈水行是璫投以水即沸故寳之或曰其域東拒
曲先衛北連亦力把力東北至肅州六千三百里

亦力把力

亦力把力或曰焉耆或曰龜茲在沙漠間東距古沙州西抵撒馬兒罕南接于闐北連瓦剌東南至嘉峪關三千七百里元時封馬哈木于此名別失八里世祖立宣慰司以萬戸綦公直爲宣慰使後置元帥府領屯田洪武二十四年國王黒的兒火者遣使貢馬命主事寛徹等報諭以書永樂四年王沙迷查干貢玉璞且言哈密忠順王安克帖木兒爲北虜鬼力赤毒死願率兵討之

上喜特賜綵幣十二年陳誠使其國十六年夷目速哥克刺滿剌來朝言歪思弑其從兄納黑失只罕自立爲王徙其國東去更號亦力把力正統二年其王也先不花遣人貢玉璞駝馬景泰天順後入貢不絕其國逐水草佳牧以氊罽爲帳寒暑坐臥於地無城郭宮室近蔥嶺有熱海然氣候常寒深山大谷六月飛雪平原夏秋稍煖王戴小帽刺髻鵝翎衣禿袖衫削髮貫耳甘肉酪或食糜麥俗獷而纖言語類畏兀兒產銅鐵鉛雄黃胡粉氍毹

阿魏白氎布又哈失哈力宣德間遣十四人來朝

貢或曰即阿力馬力

錄七

藏板

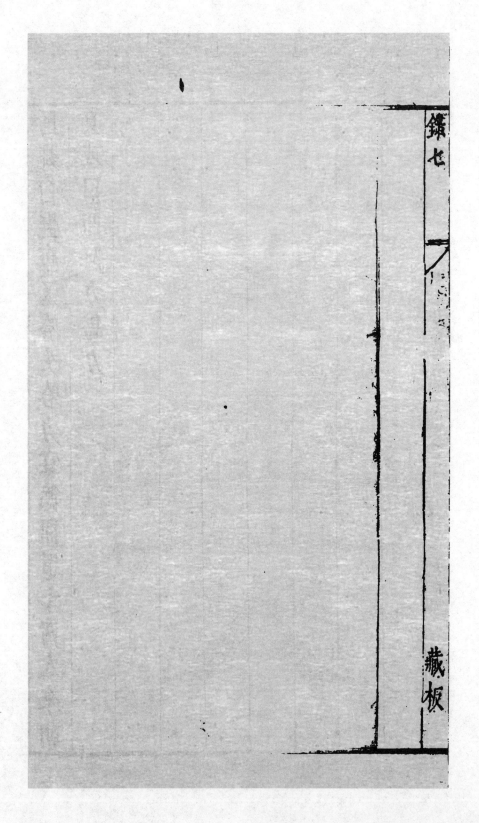

撒馬兒罕

撒馬兒罕古罽賓國在懸度山西史稱地平温和
有苜蓿梓竹漆蒲萄諸果下濕生稻其民雕文刻
鏤治宮室織罽刺文繡市以金銀爲錢出封牛沐
猴孔雀珠璣珊瑚琥珀亦西域都會也其先匈奴
破大月氏大月氏西君大夏而塞王南君罽賓自
漢武帝始通中國更立其王成帝時遣使來獻漢
欲往報杜欽說大將軍王鳳以罽賓更不屬漢之
國四五又歷頭痛之山身熱之阪繩索相引乃抵

縣度涉危路以事無用非久長計卒罷遣如欽言隋爲灃國大業中貢方物其王姓昭武戴金牛頭冠俗乘象治浮屠法唐貞觀中罽賓獻名馬王居脩鮮城顯慶三年以其地爲脩鮮都督府拜其王都督開元七年遣使獻天文及秘方奇藥元駙馬帖木兒主其國東有養夷沙鹿海牙賽蘭達失干西有渴石迭里迷諸城並隸焉洪武二十年國主帖木兒遣貢駝馬厚賜之二十二年復貢馬二十四年貢海青　賜勑加賚二十四年遣使迭力必

失表貢馬二百匹表略云　皇帝膺運爲億兆主
光明廣大昭然天鏡今又施恩遠國凡商賈之入
中國者使觀覽都邑城池雄壯如出昏暗之中忽
覩白日又承赦書恩撫勞問欽仰　聖心如照世
之杯使臣心中豁然光明臣國中部落惟知歡舞
感戴祝頌　聖壽永永無極照世杯者其國舊傳
有杯朗徹照之可知世事初撒馬兒罕人商於漠
北自捕魚見海見執
上疑奸細留中國久得其情遣歸國其主因貢謝

及之二十八年遣兵科給事中傅安郭驥等使西
域留撒馬兒罕永樂五年還夷目哈里遣使隨貢
方物安等言帖木兒卒孫哈里應嗣
上賜哈里璽書銀幣且諭祭帖木兒賜安等衣貭
之兀魯伯貢馬復遣安報使或曰兀魯伯即哈里
是歲北平按察使陳德文亦自撒馬兒罕歸德文
洪武末使西域遍歷諸境采山川風俗作詩歌一
帙進呈
上嘉之賜馬擢僉都御史洪熙元年傅安始還國

請勑命吏部言安歷年雖久未經考覈例不得授
上曰安留遠夷二十餘年良苦何例爲命特與之
正統二年貢馬玉石四年貢良馬色玄蹄額皆白
詔圖像賜名瑞鶊十三年又貢方物命宴其使陝
西布政司成化十七年進二獅至嘉峪關夷使奏
遣大臣往迎職方郎陸容言獅子無用之物在郊
廟不可爲犧牲在乘輿不可備驂服宜却勿受禮
部尚書周洪謨亦言往迎非體
上卒遣中使迎之獅日食生羊二醋酣蜜酪各二

瓶豢獅人光祿日給酒飯二十二年夷使泊大灣
還國達鑾至廣東將往滿剌加市狻猊入貢市舶
中使韋眷佐之所在震駭布政使陳選抗言此西
域賈胡恣爲奸利願無墮其謀開海道貽諸番笑
部覆得寢而番禺縣民黃肆等賄結韋眷交通撒
馬兒罕等國夷商滋擾知縣高瑶搜沒番貨鉅萬
選具奏竟爲眷誣逮獄道殁南昌聞者惜焉弘治
二年撒馬兒罕遣使貢獅所過繹騷禮科給事中
韓鼎言猙獰之獸狎玩非宜且供費不貲宜罷遣

三年又由南海貢獅及鸚鵡禮部尚書倪岳言南海非西域貢道請却之自後貢皆從嘉峪關入嘉靖改元撒馬兒罕等夷各進貢陝西行都司伴送至甘州驗放入關各夷留西安真定貿易踰年始赴京禮部尚書汪俊疏稱各夷在途遷延今後給賞即促起程仍行陝直河南各夷還日延住馹遞一日以上住支廩給

上從其議二年始定五年一貢會土魯番寇掠羈留撒馬兒罕天方國各夷于平凉七年總督尚書

王瓊疏放出關并令傳諭土魯番歸哈密城印土一年額即乩哈辛求貢行總制都御史唐龍查譯來使火者皮列稱哈辛王在撒馬兒罕北山額即乩地面住牧禮部尚書夏言疏請暫許給賞爾後令附撒馬兒罕進貢無得別稱王爵從之是歲西域貢使二百九十人稱王者至七十五人夏言請國稱一人王大學士張孚敬言西域先年入貢稱王亦有三四十人者答勑並稱王今槩裁恐夷情觖望下禮兵二部議言復奏西域諸國稱王者惟

土魯番天方撒馬兒罕三國如日落諸國名甚多朝貢絕少且與土魯番諸國不相統土魯番弘正間十三入貢天方正德間四入貢稱王者率一人或二人三人餘稱頭目親屬嘉靖二年八年稱王者天方至六七人土魯番至十一二人此兩年間撒馬兒罕至二十七人内閣言先年亦有稱王至三四十人者併數三國耳乃今土魯番十五王天方二十七王撒馬兒罕五十三王併數則百五六十王前此所未有況所稱王號原非舊文即有同

者地面又與弘治時回勑書國稱一王若循撒馬兒罕往歲故事類答王號人與一勑恐非所以尊中國嚴外夷也自後各執賜勑任意往來驛傳勞煩宴賜頻數竭財力以役遠夷計亦左矣

上可言奏十六年甘肅都御史趙載言西域土魯番各國稱王者百五十餘皆非本朝封爵宜改正貢使限以名數至通使舊以色目人爲之宜易以漢人無交通生夷心部覆報可萬曆中並來貢其國東西相距千里在哈烈東北三千里東去嘉峪

闗九千九百里山川鐵門峽阿术河扈大王白帽婦人以白綃纏首尚回回教有拜天屋青石雕鏤扈精巧經文裹以羊皮書以泥金城市稍密西南番賈多聚焉禁酒以手取食貢物有番㲲矮納鎖服腦砂賽蘭珠梧桐鹻銀鼠皮珊瑚樹枝阿思馬亦花珠道哈密南史述鬱金香獨出罽賓國華色正黃而細大似芙容又比戶錄稱唐初罽賓國獻俱佛頭花爲中國所無今不聞入貢

沙鹿海牙

涉鹿海牙在撒馬兒罕東五百里城據小岡西北臨山河河名水站勢衝急有浮梁其地南近山三面皆平川居人依崖谷頗繁庶西有大涉洲可二百餘里無水即有水不可飲牛馬飲輒死有臭草根株獨立高尺許枝葉如蒿春生秋死穢氣逼人取生汁熬膏即阿魏也亦有細草以熬膏味如蜜

賽蘭

賽蘭一作賽藍去撒馬兒罕千里在達失干東城周三里有浮圖爲祈拜之所四面平原流水環繞

草木豐茂五穀蕃殖夏秋間草生黒蜘蛛甚小毒甚嚙人遍體作痛號呼動地土人誦呪禳鮮以薄荷枝拂毒處又以鮮羊肝遍擦經一晝夜痛息膚如蛻牛馬被傷輒死行人宿必近水避焉元史序薛塔剌海從征賽蘭諸國並以礮立功考會典西夷貢物有賽蘭珠石

達失干

達失干在賽蘭西去撒馬兒罕七百里城據平原甚狹小四面平岡溪流蜿蜒多林木土宜五穀居

民稠密俗朴而饒

渴石

渴石在撒馬兒罕西南二百六十里城據大村周十餘里四面水田東南近山中有園林頗宏麗故酋帖木兒駙馬居也墻壁牕櫺飾以金碧琉璃堂四隅白石柱如玉西行十餘里多奇樹又西三百里大山屹立中有石峽兩壁懸崖如斧劈行二三里出峽口有門石色如鐵夷人指云此鐵門關也元太祖至東印度駐鐵門關有一角獸形如鹿而

馬尾其色綠作人言以問耶律楚材對曰此瑞獸名角端能言四方語好生惡殺帝爲班師葢其地近東印度矣

迭里迷

迭里迷去哈烈二千餘里在撒馬兒罕西南新舊二城相去十餘里王居新城東距阿术河河廣非舟不可渡多魚城内外居民僅数百家孳畜蕃息河東地隷撒馬兒罕河西有蘆林多獅子

卜花兒

卜花兒在撒馬兒罕西七百里城居平川周十餘里市里華庶戶口以萬計地曠衍宜五穀桑麻木氣温和冬不附火蔬菜不絶産布帛絲綿六畜大類中國

養夷

養夷在賽蘭撒馬兒罕亦力把力蒙古諸部落間数相侵掠無寧居惟数百人戍孤城四面皆亂山東北有大溪西流長数百里溪旁頹垣雜榛莽

亦思把罕

亦思把罕廣袤近千里於西南海中爲大國四面皆海西北多山東南皆平沙王居宏麗城亦堅壯產饒俗朴食惟麥穄麥粒麤而甘美少布帛稻黍多馬駝珠珀亦有中國人流寓時賈撒馬兒罕以取給永樂中遣使四十四人來朝貢一云亦思弗罕

荅兒密

荅兒密國在海中不百里人不滿千家板屋有牆壘無城郭產馬駝羊牛亦褐交易兼銀錢亦用牛

耕刑以箠朴服屬撒馬兒罕永樂中遣使十八人來朝貢方物　賜大統曆文綺藥茶

失剌思

失剌思永樂間遣使朝貢時遣官以綺幣磁器市馬於迤西撒馬兒罕失剌思諸國宣德中貢使凡八人

納失者罕

納失者罕東去失剌思數日程皆舟行海中其國有山林川澤魚蟲城東平原饒水草可牧馬馬有

數種寵小者高不過三尺俗重僧所至飲食之顧
尚氣徤鬪以不勝爲嗤鄙永樂中遣使十人朝貢

錄七

藏板

哈烈

哈烈一名黑魯去嘉峪關萬三千里撒馬兒罕西南元駙馬帖木兒之子沙哈魯居焉國人稱速魯檀華言君王也東有俺都淮八剌黑諸城並隸其國王石城方十里居平川川廣百里四面大山王並山東北疊石爲屋屋若高臺無棟梁並金碧雕嵌牕垣粲如旁列牀座茵錯以綺繡上下相接直呼名王亦然謁見微屈躬道撒力馬力一語握手或相抱爲禮人善走日行可三百里候常燠少雨

市中流水不斷無正朔時日月亦無斗斛用權衡爲量貿易以銀錢三等稅十二國用仰給少炊爨飲食無匕箸不祀鬼神祭先於墓所男髡首衣尚白喪易青黑亦無棺槨瘞巴旦杏鎖服花鏃金銀銅珊瑚琥珀珠犀馬獅黑白文獸白鹽堅潤如水晶琢磨爲器沃以水和肉食田美多穫農不甚勞每歲更休以完地力宜桑與蚕爲絖綺細密踰中國甆器尤精巧贈予宴會豐厚大抵西域城郭諸國哈烈最瀆亂無耻然有學舍聚生徒講習經義

省刑薄歛寡訟好施兼務農桑則諸國不逮云洪
武二十五年遣使詔諭酋長　賜金綺永樂七年
夷目麼賚等朝貢十五年吏部員外郎陳誠使其
國正統二年指揮哈只等貢馬

俺都淮

俺都淮西南去哈烈千三百里東北去撒馬兒罕
如之城在大村中村廣百里城居十一曠衍無險
峻土沃人稠稱樂土永樂中嘗遣使朝貢

八剌黑

八剌黑一名八黑在俺都淮東北城居平川周十餘里南近山無險地廣物豐饒西南諸番賈聚焉又八荅黑商其國奉佛浮圖壯麗如王宫永樂間朝貢方物織皮絨罽香木疑即八剌黑

、曾迷

曾迷不詳所始或云地屬哈烈嘉靖三年其王遣使自甘肅入貢獅子二西牛一都御史陳九疇以聞給事中鄭一鵬言所獻皆非土性乞就彼犒遣以光聖德杜窺伺不報明年禮部尚書席書奏曾

迷不載王會真贋莫辨頃土魯番数侵甘肅而甘
州撫夷官于魯迷数內查有夾帶土魯番夷衆其
詐甚明請善遣出塞仍治所獲姦諜　詔鎮巡體
覈五年復貢命畜獅牛內府仍留熟夷五人飼之
貢使頗索加賞云往買兎刺費且二萬金詔定五
年一貢每貢起送十餘人貢物有玉石珊瑚珠金
剛鑽花帳子捨列孫皮花瓷湯壺羚羊角瑣服二
十三年北虜寇甘州總兵楊信以土官百戶馬能
言令魯迷諸國貢夷九十餘人前禦虜寫亦阿力

等九人死焉都御史詹榮以聞
上從兵部議褫信職建能于理以寫亦阿力死事
給棺歛費送歸本國仍諭國王以優卹意

、麻林

麻林國「未詳」永樂十三年獻麒麟禮部尚書呂震
請至日率羣臣上表賀
上不許曰往翰林院修五經四書性理大書成欲
上表進賀朕則許焉麒麟有何損益其罷賀厚賜
遣之

、拂菻

拂菻國在嘉峪關外萬餘里按唐史云古大秦也大秦國一名犂鞬居西海西亦云海西國漢時以安息遮閡不得達都護班超遣掾甘英使大秦抵條支臨海欲渡安息西界舟人以入海皆齎三歲糧善令人戀慕多死亾英聞亦止桓帝延熹九年大秦王安敦遣使自日南徼外獻犀角象牙瑇瑁始一通焉晉太康中使來貢唐貞觀十七年拂菻王波多力遣使獻赤玻瓈綠金精下詔荅賚其後

臣屬大食開元七年因吐火羅大酋獻獅子羚羊等元豐四年始通貢鞍馬真珠刀劍元祐六年再至　國朝洪武四年遣其國故民揑古倫賫詔諭之尋遣使朝貢其國地寒土屋無瓦王服紅黃衣以金線織絲布纏首不尚戰鬬刑罰罪重者盛以毛囊投諸海鑄金銀爲錢無穿孔面鑿彌勒佛背爲王名禁私造產金銀珠西錦千年棗獨峰駝巴欖然自漢後言大秦宮室皆以水晶爲柱珊瑚爲棁琉璃爲墻其土多出明珠大貝駭雞犀夜光璧

及火浣布王宫三襲門飾異寶中門有金巨稱作
金人立其端屬十二丸率時收一丸落有眩人能
發火于顙手爲江湖足墮珠玉有善醫能開腦出
蟲愈目眚或織水羊毳野蠶繭爲海西布及氍毹
毾㲪罽帳之屬道多猛虎獅子羊種土而生臍屬
地介馬擊鼓驚之乃絶乇語多不經或云國西有
弱水流沙近西王母所居幾於日所入從條支西
渡海曲一萬里葱嶺以西國㝡大循海而南與交
趾外夷接又水道通益州永昌故永昌出異物

錄七

藏板

天竺

天竺國一名身毒漢史稱西通大秦在月氏東南數千里臨恒水卑濕暑熱乘象戰脩浮屠道别國數十王並以身毒爲名張騫使大夏見邛竹蜀布云市之身毒武帝遣使十餘輩間出西南指求爲昆明所閉不得通至明帝夢金人以問羣臣或曰西方有神名曰佛長丈六尺而黄金色乃遣使天竺問佛道法併圖像其教始入中國桓帝延熹中頻從日南徼外來獻梁天監初王屈多遣長史竺

羅達奉表獻琉璃唾壺雜香吉貝南史作中天竺其外復有天竺迦毗黎國後魏宣武時南天竺國王婆羅化獻駿馬凡去代三萬一千五百里隋煬帝銳通西域惟天竺拂菻不至唐武德中王尸羅逸多討四天竺皆臣之貞觀十五年遣使獻火珠鬱金菩提樹自稱摩伽陀王後朝貢相繼乾封中五天竺王並來朝獻「五天竺其傳在海西南距中國甚遠或曰南天竺瀕海北天竺距雪山東天竺際海與扶南林邑接西天竺與罽賓波斯接中天

竺居其會並直葱嶺南有別國數十置王曰舍衛開戶東向開元時南天竺獻五色能言鳥乾元末河隴陷遂絕周廣順三年西天竺僧薩滿多等十六族來貢馬而滄州僧道圓自晋天福中詣西域歷乾德三年還得佛舍利一水晶器貝葉梵經四十夾來獻凡在塗十年住五印度六年五印度即天竺也明年僧行勤等百五十七人詣闕言願至西域求佛書許之開寶後天竺僧數持梵夾來八年東印度王子穰結說囉朝貢天竺法王死太子

襲位餘子皆出家爲僧不復居本國有王子曼殊室利隨中國僧至館於相國寺善持律後附賈人船歸不知所適雍熙中胡僧密坦羅奉北印度王及金剛坐王那爛陀書來自云東行六月至大食國又二月至西州又三月至夏州天聖二年西印度僧獻梵經賜紫方袍大略其國土沃民淳不茹葷宗瞿曇學戒貪嗔婬妷七日一禮拜天每食輒誦經坐臥置天王爲惺惺法王與大臣服錦罽頂爲螺髻剪餘髮下垂鐃鈸鈴螺雜奏爲梵樂男子

髠首穿耳懸璫跣足服色尚白製如袈裟致詞以祗足摩踵展敬工天文星曆產犀象貂鼲瑇瑁金罽火齊金剛鑽與大秦諸國交市火齊如雲母作紫金色有光耀裂之薄如蟬翼積之則如沙穀重沓金剛鑽似紫石英可切玉或云以肉投大澗底飛鳥食肉遺糞得之恒水源出崑崙甘美下有眞鹽色正白如水精始嶺南香山有澳曰濠鏡為諸番互市地夷商雜處珍貨充物易交閧天竺僧渡海來歷三年達濠鏡諸夷信其法遂奉約束戒行

象胥　八　天竺　牓葛剌　三十一　芝園

亦足重云　國朝通貢有榜葛剌

榜葛剌

自蘇門答剌順風二十晝夜至榜葛剌在海西南或曰西天有五印度國榜葛剌即東印度也從翠藍島入察地港更小舟行五百里有鎖納兒港有城池市聚始遵陸抵國可三十五里西通金剛寶座國曰沼納樸兒乃釋迦得道之所永樂二年國王靄牙思丁遣使朝貢六年上金葉表九年至太倉命行人往宴勞之十二年王塞弗丁奉金葉表

來貢麒麟等物正統三年復至其國地廣人稠沃
饒甲於它境王及酋長皆回回人祝髮白布纏首
圓領長衣綵帨皮履風俗朴厚人好耕殖一歲二
熟賦十二刑笞杖徒流官有印軍有糧陰陽醫卜
百工技藝略備市用銀錢海貝價定打手雖萬金
不改悔別有一種印度不食牛肉飲食男女異處
夫死不改嫁妻亾不再娶孤寡衆輪贍之五嶺山
巃高大氣候恒熱如夏曆有十二月無閏產鑌鐵
翠羽瑠璃桑漆尤廣絲綿製鎗剪絕巧布數種有

濶四五尺者兠羅錦背面皆毳絨厚可五分白樹皮布膩潤與鹿皮等椰茭爲酒檳榔爲茶波羅蜜味甘大如斗優人衣黑白花衫縈帨佩珊瑚琥珀纓絡歌舞侑觴能作百戲以鐵索繫虎行市中入門解索裸而搏虎交撲数回就繫如故人争以肉啖虎永樂間使至禮甚厚禁用酒以薔薇露和香蜜水飲之貢物有戧金瑠璃器皿撒哈剌兠羅錦烏爹泥藤竭糖霜之屬

沼納撲兒

沼撲納兒國在印度中即古佛國也永樂十八年
國王亦不剌金数使榜葛剌遣使齎勑諭之因來
朝貢

黒葛達

黒葛達國小而貧平川廣野多草木禽獸稀少市
肆牛羊蕃育用銕錢交易俗尚佛畏刑宣德中嘗
遣使十人朝貢又有白葛達在西海中小國土瘠
亦尚佛宣德七年國王遣使朝貢

藏板

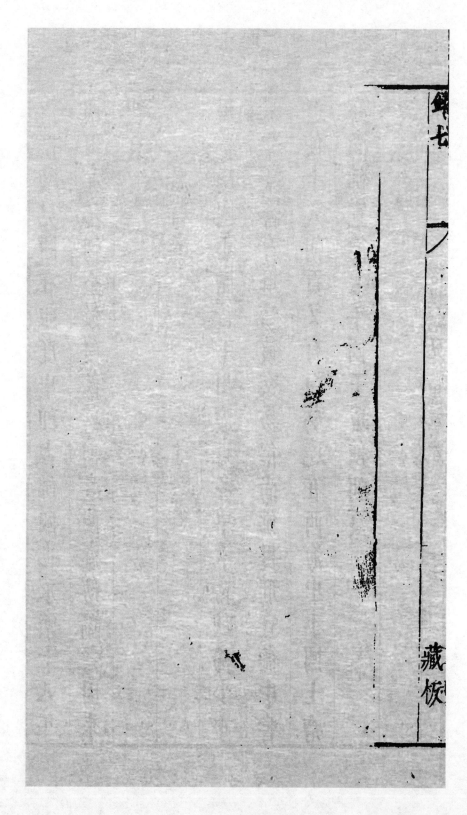

天方

天方古筠沖地舊名天堂一稱西域自忽魯謨斯四十晝夜至其國乃西海盡處或云從陸路抵中國凡匝歲永樂七年因中使鄭和往使以獅子麒麟來貢宣德中遣其臣沙瓛貢方物正德十二年再至嘉靖四年禮部言天方等番國入貢陝西都司稽留半年以上方爲具奏發册所進玉石多疵惡而夷所私貨皆良請行廵按御史查覈自今無得多帶玉石以擾驛路其方物印封案驗不堪治

都司官罪明年火者馬黑木等入貢禮部主客郎陳九川驗玉稍苛夷有後言鴻臚通事胡士紳修郤許稱九川索受玉璞

上令逮訊會大學士費宏製玉帶遞騎執舍中兒去宏疏辯係尚書鄧璋酬答與天方前失玉璞輕重不倫温旨慰之而九川竟謫戍十七年天方貢使請遊覽中國禮部奏非例疑有狡心詔絕之初定五年一貢有駝馬鐵角皮毬班見香諸物萬曆中復至俗辮髮穿白長衫用回回曆較中國前後

差三日風景融和四時皆如春田沃稻饒以馬乳拌飯日落聚爲夜市建寺層次高上如塔月初生拜天號呼稱揚以爲禮有馬高八尺名天馬按杜環經行記大食國士女偉壯閒麗衣裳鮮潔一日五時必禮天堂可容数萬人市開輻湊萬貨豐賤大約與天方國相類成都楊慎謂天方卽大食名號改移海外諸國皆然殆近之矣

默德那

默德那卽回回祖國地接天方有城池宮室田園

市肆五穀繁滋大類江淮間初國王謨罕驀德生
而神靈西域諸國並臣伏焉尊爲别譜拔爾華言
天使也其教以事天爲本而無像日每西向拜天
有佛經三十藏凡三千六百餘卷書兼篆草楷西
洋諸國皆用之隋開皇中始傳入中國尤精星曆
亦鮮醫藥音樂織文雕縷器具精巧洪武元年改
太史院爲司天監又置回回司天監二年爲徵元
回回曆官鄭阿黑等十一人赴京議曆法占天象
給廩賜服有差宣德中國王遣使隨天方國朝貢

正德中回回人于永進秘方得幸拜錦衣衛都指揮同知而御馬監西海子設養虎回夷三名嘉靖登極以給事中鄭一鵬疏屏之并歸甘州所簡進回回女你兒干等奸夷于永竟庾死藉其家今國人多附舶香山濠鏡澳貿易其人善鑒識每於賈胡海市中廉得奇琛故稱識寶曰回回亦種類散處南比爲色目人甚黠並窅目胡鼻用白布纏首寄居哈密者尤勁悍俗以窖爲酒以牛爲菜好歌舞夫婦配合必取水淋沐親死用布囊屍入棺鼓

樂導至墓去棺底掩以土妻子至以水潑之祈速朽爲孝葢近墨氏之流非同類殺不食禁食豕肉相傳其始驢豕交媾而生不敢破戒奉其教者行賫居送千里不持糧云

、阿速

阿速在西海中爲大國城倚山面川川南流入海凉曠適節有魚鹽耕牧之利俗尊鬼好施惡爭鬭亦饒物產鮮饑寒寇盜聚落多撒馬兒罕天方諸國人永樂中嘗遣使百十二人來朝貢

沙哈魯

沙哈魯在阿速西南海島中山川環抱居民旅處村落畜産孳息王及酋長城居瓦屋佞佛耻鬪俗號淳直西域賈胡來市海中得奇貨不惜酬数倍沙哈魯人不識也永樂間遣使朝貢凡七十七人或曰即古拔和國唐貞觀中嘗入貢

火剌札

火剌札國頗微弱四圍皆山鮮草木水流曲折亦無魚蝦城僅里許多板屋俗尚佛喜中國磁器針

線永樂十四年嘗朝貢

、吃力麻兒

吃力麻兒山卑水淺西南傍海東北林莽多毒蟲猛獸得中國雄黃麝香磁器甚喜不事耕農好射獵有達巷無市肆交易無期用銅錢永樂中嘗使十一人來朝貢方物惟獸皮鳥羽罽褐之屬或曰即俺力麻國

、敏真誠

敏真誠國亦大多高山深水縛木爲渡以日中市

諸賈畢集見中國磁漆器爭欲得之產駝馬異香
永樂中國王遣四十人來朝貢

、白松虎兒

白松虎兒舊名速麻里兒國中無大山亦鮮林木
無猛獸毒蟲之害先是嘗有白虎出松林中不傷
人畜旬月後不復見國人以爲神虎父老曰此西
方白虎降精因更其國號白松虎兒永樂中使十
六人來貢

、加異勒

加異勒西戎小種居人不及千家貧窶常傭食鄰
國永樂中王者麻里奈那遣使貢方物宣德間再
朝貢
會典載西域朝貢經哈密者三十八國

哈烈　哈三
哈烈兒沙的蠻　哈失哈兒
哈的蘭　賽蘭
掃蘭　亦力把力（又云別失八里）
也克力　把丹砂

把力黑　俺力麻

脫忽麻　察力失

斡失　卜哈剌

怕剌　失剌思

你沙兀兒　克失迷兒

帖必力思　果撒思

火壇　火占

苦先　沙六海牙

牙昔　牙兒干

戎　白

兀倫　阿速

阿端　耶思成

坤城　捨黒

擺音　克癿

右諸國貢期或三年或五年起送不過三十五人今國俗多不可攷又永樂中遣使朝貢有日落國

論曰西域遠在天末自可存而不論而叩關來王

匪干戈是尋而共球是飭亦可覘國家咸賓之盛矣唯是貿胡借端漁利所在繹騷不無詡虛名而受重困而夷德無厭如土魯番之吞噬哈密作盟乍寒玩我股掌寖假不可復問所貴謹華夷之界而縻以戎索無使生心窺隙治以不治乃王者馭戎狄之畧也

錄七

八

藏板

皇明象胥錄八

歸安茅瑞徵伯符撰

西番

西番古吐蕃地本羌屬按漢史西羌出自三苗國近南岳及舜徙之三危河關以西濱於賜支至乎河首綿地千里賜支者禹貢所謂析支也南接蜀漢徼外蠻夷西北鄯善車師諸國逐水草產牧氏族無定以父名母姓爲種號强則分種稱酋豪其兵長在山谷果於觸突以戰死爲吉耐寒苦得西

方金行之氣焉昔商武丁征西戎鬼方三年乃克詩稱自彼氐羌莫敢不來王周武王伐商羌髳率師會牧野而平王末戎逼諸夏其後陸渾稱子大荔義渠稱王秦滅義渠置隴西北地上郡而蒙恬築長城西逐諸戎自是羌不復南度漢初羌中研種留何率種人求守隴西塞武帝北卻匈奴度河湟築令居始開河西列置四郡通道玉關隔絕羌胡亭障出長城外數千里置護羌較尉羌乃去湟中依西海鹽池漢因河爲塞稍徙人實河西而先

零種於宣帝時遂度湟水至寇金城後將軍趙充國以威信招降罕幵罷騎兵屯田卒破定之研十三世孫燒當最豪健和帝時隃糜相曹鳳上言建武以來犯法常從燒當種起以居大小榆谷地肥美又近塞内諸種易以爲非寇及其衰困遠依發羌建復西海郡縣規固二榆廣設屯田隔塞羌胡交關之路於是拜鳳金城西部都尉列屯夾河其功垂立安帝永初元年發金城隴西漢陽羌征西域羌懼遠屯奔潰西出塞斷隴道前役亦罷而當

煎勒姐種至攻沒破羌縣入冠河内十餘年間軍
旅之費二百四十餘億幷凉二州遂至虛耗羌屬
支分凡百有五十餘種散處河湟洮岷間而發羌
唐旄等絕遠未始通中國至吐蕃祖鶻提勃悉野
居析支水西稍幷諸羌或曰南凉秃髮利鹿孤後
有樊尼者西濟河逾積石居跋布川或邏娑川以
秃髮爲國號訛曰吐蕃其俗謂疆雄曰贊丈夫曰
普同號君長曰贊普及弄贊益强西域諸國共臣
之唐貞觀中得請婚公主襲華風稱甥舅國咸亨

元年遂滅吐谷渾有其地東接松茂南極婆羅門西取四鎮北抵突厥幅員餘萬里安祿山叛吐蕃間邊候空虚盡取隴右蘭河鄯洮等州入奉天長安陷北庭都護府宣宗後其國内亂河湟復歸而吐蕃族種分散大者數千家小者百十家無復統一自儀渭涇原環慶及鎮戎秦州暨于靈夏各有首領内屬曰熟户餘謂之生户太平興國九年秦州蕃部以羊馬獻用茶絹答其直咸平四年西凉府六合都首領潘羅支願討李繼遷頃之貢馬五

千匹詔厚給馬價別賜綵百匹茶百斤以羅支爲朔方軍節度六年繼遷攻西涼府羅支僞降集諸豪及者龍族合擊繼遷中流矢死來獻捷會修洪元大雲寺賜金箔物綵而羅支尋遇害宅種唃厮囉寖强以奇計破元昊倂羅支舊部居鄯州西仁宗時累加恩兼保順河西節度使子董氊進封武威郡王而瞎氊子木征據河州王韶進破訶諸木藏城穿露骨山力戰破之熙寧七年征舉洮河二州降賜姓名趙思忠宕洮疊三州羌皆以城附自

喃厮囉旣衰諸砦羌族納質者凡七百五十六族
元始郡縣其地於河州置土蕃宣慰司都元帥府
又於四川徼外置碉門魚通黎雅長河西等處宣
撫司而朶甘思烏思藏各設官有差已又尊番僧
八思巴大寶法王帝師弟子號司空司徒國公佩
金玉印者相望洪武二年　詔諭吐蕃未至復遣
陝西行省員外郎許允德諭降會番衆寇臨洮守
將韋正禦之以河氷未合師不得濟正祝天有頃
河氷如巨屋自上流下風隨之氷合渡河擣擊番

衆大驚降附六年令各族酋長舉故官授職因俗爲治以元攝帝師喃加巴藏卜爲熾盛佛寶國師給玉印置烏思藏朶甘二指揮使司及宣慰司招討司元帥府萬戶府官元國公南哥思丹八亦監藏等爲都指揮同知宣慰使元帥招討等官領之七年陞烏思藏朶甘爲都指揮使司置西安行都指揮使司于河州以韋正爲使統二番司復封烏思藏番僧爲闡教王闡化王輔教王贊善王統化番民及封護教王大乘法王大寶法王先後凡七

王給銀印令比歲或間歲朝貢是秋西番獻葡萄
酒
上謂中書省臣曰元造此酒勞民豈宜効之且朕
性不善飲中國亦自有秫米供釀卻弗復進仍賜
酋長文綺襲衣八年以西番地產馬而所用泉貨
與中國異自更錢幣馬至者少命中使趙成以羅
綺綾帛并巴茶往河州市之諭守將善撫循通互
市番酋感悅山後歸德等州諸部落並以馬赴市
十年川藏族殺使者鞏哥瑣南等命衛國公鄧愈

爲征西將軍別以沐英討川藏師分三道覆其巢窮追至崑崙山俘男女萬餘馬牛羊十三萬有奇十一年以西番屢寇邊命西平侯沐英充征西將軍將京衛及河南山陜官軍討之十二年命曹國公李文忠往河州岷州臨洮鞏昌等處整理城隍洮州十八族番酋三副使汪舒朶兒癭嗉子阿卜商等叛據納隣七站以征西將軍移兵往擊勑文忠英等日四月庚申日交暈在秦分主戰鬭巳未太白見東方至於甲子順行而西西征大利宜順

天時追擊番寇英等兵至洮州賊皆遁斬叛逆土官阿昌失納等遂於東籠山南川築城戍守疏聞上曰洮州爲西番門戶今城守扼其喉矣命置洮州衛英等兵進擊擒三副使鹵獲人畜甚衆十五年勑松州衛指揮耿忠令番人計戶出馬充賦二十年禁番使闌出麻鐵二十五年建昌衛指揮使月魯帖木兒等叛命京國公藍玉往討誘執之送京師伏誅玉因奏四川地曠山險控扼西番頃歲蠻夷梗化由軍衛少而備禦寡也宜增置屯衛於

順慶府鎮巴梁大竹諸縣其保寧千户所北通連
雲棧宜改爲衛漢州漢縣西連松茂碉黎當西番
出入地眉州控制馬湖建昌嘉定接山都長九寨
俱爲要害皆宜增置軍衛長河西朶甘百夷地連
屬恃其險遠久不入貢請兵致討
上報百姓供輸煩擾又藉壯者爲兵其何以堪戍
守有成規無增益重困吾民長河西諸夷徐議大
舉遂班師三十年於陜西洮河二州立茶馬司聽
吐蕃納馬易茶令茶户私鬻者藉其茶私茶出境

及開監不覺察罪皆死又以邊吏或假朝旨横索
蕃馬製金牌信符命曹國公李景信賫往求吐蕃
令各蕃族認辦馬課别置一牌藏大内每三年遣
使賫出比驗相合收馬給茶以杜奸欺是歲景隆
用茶五千餘斤得馬一萬三千五百餘匹分給京
衛騎士又令禮部檄長河西打煎爐番酋責以納
馬脩貢諸番稽首奉約茶法大行永樂元年　賜
番酋及國師金幣定來朝賞格三年四川布政司
言諸番以馬易茶例禁夾帶今番商往往易茶及

以它物易布帛
上謂互市以資國用來遠人其聽之又諭兵部榜
示西番馬至必與佳茶有謬欺者巡按御史以聞
四年迎番僧尚師哈立麻至京師封大寶法王宴
賜甚厚五年遣指揮劉昭等往西番置驛通使撫
諭軍民昭還遇番賊刼掠率衆攻敗之洪熙時曲
先安定二衛酋邀殺中使指揮朱英聲討以番兵
從諭功進國師宛卜格剌思巴等秩給誥命銀印
宣德元年遣中使侯顯等使諸番歷三歲始歸六

年都督陳懷等討松藩番寇平之九年闡化王貢
使乩藏等以賜物易茶至臨洮没入留乩藏請命
上給茶釋還初諸番脩貢輒阻于生番正統四年
松藩守將趙得遣諭因相率來貢凡八百二十九
寨而指揮趙諒脩郄番僧商巴誘執之掠其貲其
弟率衆入犯都御史王翺廉其枉出商巴獄中具
以聞諒伏誅復命商巴爲國師十四年　詔停西
番金牌歲遣行人四員視茶政景泰間西番三十
一處並朝貢桑服獨董卜韓胡都指揮使克羅俄

監粲稍黠悖　詔讓之天順五年番寇涼州圍都督毛忠勢鋭甚總兵宣城伯衛穎戰郤之八年西寧番酋把沙作亂穎與巡撫都御史吳琛將中軍督甘涼蘭輦諸衛所官軍三萬五千人分五路進擊追至駱駝山俘斬千七百餘先是番僧入貢不過三四十人景泰以後遞增賜予不貲所至煩費成化初禮臣以爲言令烏思藏番僧三歲一貢以何番僧劄實巴等以秘密法進

天子愛幸之法王封號至累數十字道從用執金

吾仗寵錫蕃渥其徒玉食錦衣無慮數千人矣五年彗星見給事中魏元等請革去法王等號給事中丘弘亦劾其妄乞寺田佃戸命戸部覈實予民七年兵部請收茶易馬如巡撫都御史馬文升議令陝西布政司將庫貯茶課等銀遣官領送河南湖廣市茶運赴西寧等茶馬司收貯移文所司市易番馬俵給甘凉固原靖虜慶陽等衛缺馬官軍騎操報可九年岷州番入寇十七年始定例闡化闡教輔教三王從四川贊善王從陝西各布政司

比照勘合并齎印信番文咨本方許入貢貢各百人多無過百五十大乘大寶二法王止許十人隨四王貢使入京十九年以都御史阮勤言歲運四川茶十萬斤至陝給賜番僧是歲西番滿松族反侵内地都御史馬文升討之斬八十三級二十四年罷行人巡茶以御史一員領　勑專理西番茶馬事自景泰後茶政寖弛番馬多不至弘治十七年命巡撫都御史楊一清督理茶馬一清請復金牌信符舊制疏曰臣考前代自唐世回紇入貢已

以馬易茶至宋熙寧間行之所謂摘山之産易廐之良無害而有利我朝納馬謂之差發如田之有賦身之有庸彼既納馬而酬以茶則我體既尊彼欲亦遂較之前代互市交易得失較然蓋西番爲中國籓籬久矣漢武帝表河西列四郡斷匈奴右臂今金城之西綿亘數千里北有狄南有羌狄終不敢越羌而南以羌爲之讐恐議其後也夫羌夷本非孝子順孫徒以資茶于我絕之則病且死以是羈縻之此制西番以控北虜之上策前代略焉

而我朝獨得者自金牌制廢私販盛行雖有巡茶之官卒莫能禁坐失重利垂六十年豈惟邊方乏騎乘遠夷無復仰給意外之憂或從此啟查得洮河西寧三衛番族應金牌四十一面差發馬一萬四千五十一匹內府收貯每三年一次遣廷臣賫收馬給茶後因邊方多事停止歷年滋久如曲先阿端諸衛遐不相通誠恐數十年後雖近番不復知有茶馬矣伏乞申明舊制昭示番族使知朝廷脩復信符各供差發其番官指揮千百戶鎮撫驛

丞等官久不襲替亦令查出奏請就彼各襲原職以爲統領有願將馬易茶者聽敢有不受約束量調蕃漢官兵誅勦以警其餘奏上　詔議行之時番部中董卜韓胡雅慕文教奏請中朝書籍兵部尚書余子俊疏稱成都府志方輿勝覽二書並載扼塞不可與餘量加頒賜正德初烏思藏僧綽吉我些兒以術得幸出入禁中請授其徒二人爲國師還居烏思藏如大乘法王例入貢禮部言烏思藏遠在西方性極頑獷雖設四王撫化其來貢必

爲之節制令無患邊而已今無故遣僧往萬一詐
誘羌胡妄有求請反生事端不聽頃之遣中使入
番迎佛尚書毛紀及臺省連章諫止亦不允是時
北虜亦不剌逋居西海蠶食諸番識者慮其勾結
深入如前代吐蕃吐谷渾言官請屯兵青海絕羌
虜連和徵輸調發幾無寧歲而
上方好佛自名大慶法王番僧奏討腴田百頃爲
大慶法王下院書並　聖旨禮部尚書傅珪佯不
知執奏孰爲大慶法王者敢並至尊大不敬詔

勿問而亦竟止十年調朔方勁兵勦海虜避走松
潘旋歸故巢費以萬計迄無成功嘉靖元年西番
反鎮守都督鄭卿討之不能克自是歲恣入境四
年建昌鹽井寧番等處各番縱刼兵備副使胡東
皐進兵撫勦各降附八年洮岷屬番頻入鞏昌隴
右騷動總督尚書王瓊計候彼入即引大兵擣巢
羌人頗畏及秋防套虜赴花馬池番遂乘虛深入
臨洮鞏昌兵部尚書李承勛言西番爲寇皆因茶
禁久弛處置失宜故相挺而起且聞番衆爲海虜

亦不剌所侵日益內徙將來羌狄交通何以善後
昔漢趙充國不戰而服羌段熲殺羌百萬而軍與
煩費內地虛耗兩者相去懸矣乞廣宣帝之明專
充國之任制馭方略悉聽璦便宜區處從之璦集
衆議且撫且勦先遣都督劉文遊擊彭棫分布明
年二月自固原進兵至洮岷開諭諸番禍福洮州
東路木舍等三十一族西路答祿失等十三族岷
州西寧溝等十五族皆聽撫給白旗犒賞遣歸唯
岷州東路若籠族西路板爾等十一族岷州剌卽

等五族恃險不聽三月分兵攻若籠板爾二族蕩
其巢剌卿等族震慴聽命凡撫定七十四族斬級
三百六十餘諸蕃復定十四年岷州番僧劄失祿
竹援董卜韓胡例量請自買食茶十五年烏思藏
輔教等王入貢番僧多至三千餘人長河西等宣
慰司多至千餘人
上以起送太濫令廵按御史查糾正罪十九年雜
谷安撫司剌麻僧都綱定日藏等違例入四川求
貢

上以故事宜道嘉峪諭行查覈是時金牌爲海虜所掠並散失二十年海虜卜兒孩獻金牌馬匹納款兵部尚書張瓚等請命本鎮偵察情實兼令巡茶御史覈金牌所自以聞二十三年甘肅巡邊番夷攻刼莊寨督撫疏撫剿互異下兵部議尚書毛伯温言番夷梗化宜陳兵固守宣布威德令知悔禍獻首惡以贖如其怙終法宜追勦無異同悞事上從之明年始設岷州二十五年四川白草番攻陷平番堡明年巡撫都御史張時徹及副總兵何

卿會勑定其亂并討平馬玀番蠻賜金幣二十八
年總督尚書王以旂及御史劉崙請復金牌勘合
兵部議自諸番困於海虜漸徙內地不復賫符比
號番族多詐虜掠無已給而復失 國體反傷惟
嚴禁茶闌出雖無金牌馬將自集請給勘合如成
化例報可初威州保縣金川等番僧三歲一貢漸
至五百五十人三十六年禮部據會典裁百五十
至四十年來貢該寺演化禪師遣都綱郎哈等執
稱永樂間勑本寺貢方物百五十分其都綱恭葛

剌等寨各認守山隘請如前領守臣以聞令郎哈等百五十人赴京餘留境上胥命部議百五十人照會典給全賞餘衆旣各認守分地亦准給各綵絹二疋許之是歲以岷州建治後民遊俗敝番夷狎習世官仍屬岷州衛經歷司兼理添設鞏昌府判一員蒞焉其冬以闡化王方物粗惡不以國師領貢招討司宣慰部落不附貢並裁賞申諭邊臣爾後番貢違式者無輒驗入四十一年增設茶馬司於甘州招番易馬明年烏思藏闡化諸王請封

上以故事遣京寺番僧遶丹班麻等二十二人爲正副使通事序班朱廷對監之班麻等在塗騷擾廷對歸白其狀禮部議自後請封即以誥勑付來使或下附近藩司選僧賫賜從之諸藏不遣番僧自此始王瓊巳定諸番亦卜剌尋爲虜收復西鄙稍寧隆慶末虜俺荅旣受款詭以迎佛爲名留丙兎等十五部駐牧西海呑噬日甚總督尚書王崇古遣番官馬你卜剌赴虜傳教戒殺諭河西各酋無搶番虜益蕃寺焚脩萬曆二年丙兎台吉圖嚙

河州歸德以千餘騎入掠黑占帀番族數馳西石硤紅帽各番陰附虜從套西來嘉峪日衆而下泳麻生番及洮州列咂族恣掠臨洮衛明年總督侍郎石茂華檄總兵孫國臣掩勦焚其穴六年始改洮岷叅將爲副總兵虜俺答西赴海上謁烏思藏僧瑣南堅叅與其徒星吉藏卜而丙兔掠甘藏等族越黃河移牧莽剌川求茶市洮西固原洮河始苦虜八年丙兔糾永邵卜等再掠楊咎族以俺答譙責歸海上而虜搶番得志東套諸酋覬逐爭利

無虜歲火落赤遂據牧水塘湖十年虜連掠日羔
河東把力諸番族十三年松茂諸番搆亂突犯平
夷堡明年圍蒲江關都御史徐元太調土司兵擊
定之而火落赤從沙塘川入內地傷屬番五百餘
十五年遂來西寧收紅帽番族撲搶南川會歹言
黃台吉威正恰以搶番中流矢死鋒稍挫十六年
遂同永邵卜南掠歸德番族而海虜尾剌他卜囊
往掠擺羊絨生番副總兵李魁追至南川創死十
八年火落赤糾威正等掠番至舊洮州會虜王揹

力克西收丙兎部誘渡綽遜河張其勢副總兵李
聯芳等並陣殁西陲震動
上特命尚書鄭洛以右都御史經略兼制七鎮火
落赤再移莽剌川明年洛屯蘭州首諭招番驅虜
揹力克因移帳東歸火落赤旣失援而西寧肅州
各道調集瞿曇等四十八族幷國師禪師播告
朝廷威德共招番八萬三百有奇虜勢益孤十月
發兵出青海焚仰華寺總兵尤繼先統洮河延固
兵直抵莽捏西川搜勦不見一虜洛乃歸報終始

以招番爲完策二十二年火落赤復掠歸德番族
逼河州明年始設臨洮總兵九月海虜永邵卜等
攻剌卜爾族叅將達雲遮擊大破之砦帀申中各
族出精兵三千協助因追叙經略鄭洛招番功二
十六年臨階副總兵孫尚賢討遣屬番香藏族入
虜營招番族脫脫胡班麻爾卜等來降認中馬二
十八年海虜三千餘從紅崖掠番族番走匿林薄
遊擊柴國柱追至雪打班迤南多奪獲三十二年
火落赤從山後透擺羊絨掠生番三十九年隆卜

雙善二番族各投番文請復中馬額四十一年火落赤以黃番紅宛卜等爲導入白石崖四十三年烏思藏以比歲旱饑願六年并貢駍女直併援永樂時賜長河西經藏例請賜經弘化寺部覆許之長河西宣慰司亦請如闡教等王量給茶價 詔不許按今西番地爲都指揮使司二曰烏思藏曰朶甘爲指揮使司一曰朧答爲宣慰使司三曰朶甘曰董卜韓胡曰長河西魚通寧遠爲招討司六曰朶甘思曰朶甘朧答曰朶甘丹曰朶甘倉溏曰

朶甘川曰磨兒勘爲萬戸府四曰沙兒可曰乃竹曰羅思端曰別思麻爲千戸所十七曰朶甘思曰剌宗曰孛里加曰長河西曰多八三孫曰加八曰兆日曰納竹曰倫答曰果由曰沙里可哈忽的曰孛里加思曰撒里土兒曰參卜郎曰剌錯牙曰泄里壩曰潤則魯孫並洪武初置其後增設招討司有曰直管安撫司有曰別思寨曰雜谷曰長寧長官司有曰雜道曰達思蠻又有加渴瓦寺金川寺韓胡碉怯列寺番僧有封灌頂國師者自洮岷階

文西固南達松茂族種甚繁在階文者名武都羌在洮者吐谷渾羌而松茂間東西阻河列砦四十有八殆不勝紀焉始生番出殺如風雨而屬番納馬中茶頗馴服後寖通生番剽刼自虜據西海起松山及莽剌彌望皆虜反出番南番不堪虜私饋皮幣曰手信歲時加送曰添巴至尤部落嚮導番虜一家藩籬盡撤亦大頗經制矣風俗大抵朴魯君臣爲友上下一心食酪衣氈居毳帳間用板屋或壘石巢居如浮屠以梯上下人居其中上貨下

畜高十餘丈謂之碉房甲者二三丈名雞籠音樂尚琴瑟好佷鬭務耕牧貴壯賤弱尊釋信詛重利懷恩喜啖生物能耐饑寒亦天性也階文番據層崖深箐食稗豆跳躍如獮猴相傳番人無腓易奔以憑險不畜騎洮番甲馬頗整即面中一二鎗挺立不撓衣多用氆氌紅綠緣飾戰屈以埋奴爲大誓鑿阬露其首居恒據險發冷箭擂石截軍餉日就關堡索飲見爨煙起即蟻聚攢食日和番毎執堡軍爲質山川大者崑崙山可跋海黃河折支湟

水物產珎異有犛牛名馬羱羊天鼠皮獨峰駝而仰給中國茶麝香爲命無茶則發腫病且死無麝香則苦蛇蟲殘麥禾故自昔以閉關絕貢可制西畨貢物多畫佛銅佛銅塔舍利足力麻鐵力麻氆氌珊瑚犀角左髻毛纓酥油刀劒遮甲麻衣道川陜其長河西朶甘思等並由雅州入境每逾約多人且不如期隆慶三年著令各三年一貢赴京多者八人以次遞減至四人餘各留邊候賞而賞額每處多者千餘人少不下百人所費不貲率奸商

積猾冒詐刼混索金繒且往來互販以漁利所貴
獻亦殊不成享廟堂雖知其敝卒不能禁而別種
在雲南鐵橋北名古宗一云細腰番
高皇帝既下雲南裂吐蕃爲二十三支分屬郡邑
轄以土官府則麗江永寧州則北勝蒗蕖等各控
制之皆効順惟我頤指永寧所轄外有所謂野西
番者稍不易制古宗種鴂舌辮髮短裳用氂牛或
羊毛撚線爲之婦人用青白磁珠與硨磲相間懸
于項或以松膏澤髮成縷下垂俗大近西番云

論曰羌部散處其强不能當虜而與虜合則彼遂得借以樹敵撤我藩籬故招番以扞虜自隆萬後始煩規畫洮河間每苦脊脊多事而虜猶不得逞收爲用以　中朝先後經制尚足以縻其心也虜擒番之徑既開而轉與羌習吾曾不能制羌死命而聽虜挾羌爲市蠶食日深將鴟張日甚策莫若嚴假道之禁以携羌虜之交是在邊臣早爲綢繆地耳若乃法王佛子藉口壞莫厚往薄來無惜小費而妨大計則廟堂乂有成模矣

兀良哈

兀良哈本東胡遺種其地西連開平在烏龍江南漁陽塞北春秋時屬山戎秦爲遼西郡北境漢初匈奴冒頓滅東胡癶保烏桓山至武帝因徙烏桓於上谷漁陽左北平遼東五郡塞外伺察匈奴置護烏桓較尉監領之而東胡支姓别依鮮卑亦因以爲號曹操北征烏桓蹋盧龍越白檀涉鮮卑庭俘降者十餘萬後東部鮮卑宇文别族破於慕容晃竄匿松漠間元魏時復居鮮卑故地號庫莫奚

歲致名馬文皮俗同突厥好冦抄至隋去庫莫曰
奚唐貞觀中奚長可度內附置饒樂都督府尋叛
服不常安祿山節度范陽盛飾俘詭邊功咸通後
契丹方強奚舉部役屬其酋去諸以數千帳保媯
州北山自別爲西奚而東奚駐琵琶州及石晉割
幽州雁門以北入契丹東西奚遂併隸焉遼城故
奚王牙帳地實以漢戶號中京大定府金因之元
初爲北京路總督府至元中改太寧路　國初割
錦義建利諸州隸遼東置都司於古惠州領營興

等衛所二十餘所謂北平行都司也洪武十四年封子權於大寧爲寧王時宋國公馮勝征納哈出上諭據大寧塞列戍控制遂築大寧寬河會州富峪四城每出師留重兵居守卒破降納哈出二十年設行都司明年故元宗室遼王阿札失里及朶顏諸酋願内附二十二年詔於潢水北兀良哈地分三衛居之自錦義度遼河至白雲山曰泰寧衛以阿札失里爲指揮使塔賓帖木兒爲同知自黄泥窪踰瀋陽鐵嶺至開原曰福餘衛以海撒男答

爲指揮同知自廣寧前屯歷喜峰近宣府曰朶顏衞以脫魯忽察兒爲指揮同知並給印俾鈐束部落爲東北外藩靖難兵起從劉家口襲大寧盡拔諸軍召兀良哈諸酋長以三衞胡騎挾寧王入松亭關事平詔三衞奉職偵虜如

高皇帝時官其酋爲都督都指揮餘以次授秩賜勑壓襲令歲再貢駝馬由喜峰口驗勑入衞無過百人會徙寧王南昌改北平行都司爲大寧都司移保定大寧地虛三衞因頗竊據出沒塞下承

樂三年福餘衛請鬻馬令於廣寧開原互市九年
以三衛爲本雅失里所脅掠我邊卒又遣苦列兒
等給云市馬行窺伺命指揮木答哈等諭還所掠
仍納馬三千匹贖罪比馬至償以布又許以馬易
糧上馬至十五石絹三疋後以邊困議裁馬直得
布絹半給而三衛名聽就中國且陰導虜二十年
上北征阿魯台旋師夜召諸將諭曰虜敢爲悖逆
以兀良哈羽翼也當分兵翦之遂簡步騎五萬分
五道往而身率大軍邀其西師次屈裂兒河虜數

萬驅牛馬西奔陷澤中麾騎兵前擊斬級數百虜
自相蹂藉死無算
上垂高瞭虜復聚遂張左右翼嚴陣夾攻令甲士
持神機弩伏深林戒寇至乃發頃虜突而左左師
馳之悉林中中伏驚潰死傷略盡追奔三十餘里
蕩其巢還以勳兀良哈捷頒詔天下自是三衛稍
剏自戢宣德元年朶顏衛指揮哈剌哈孫等朝貢
不至武進伯朱榮鎮遼東請掩擊之勅榮整兵慎
防無與深較三年秋

上親歷諸關駐蹕石門驛守將奏兀良哈萬衆盜
邊巳入大寧經會州將及寬河諸將請益徵兵
上曰孽虜無能爲也朕以鐵騎三千出其不意成
擒必矣遂决策親征蔄士三千人人二騎持十日
粮夜銜枚出喜峰口馳四十里昧爽至寬河距虜
營二十里虜望見以爲乘障卒悉衆前
上麾鐵騎分兩翼進親射其前鋒殪三人飛矢雨
集神機銃叠發虜潰走睹黃龍旗大驚羅拜請降
並生縛之斬其酋命諸將窮搜虜穴忠勇王金忠

以故韃靼名王子及其甥都督把台請自效或寄
言　上虜其類也往必不反
上竟遣之忠與把台果大獲來歸
上飲以金爵遂輟賜顧謂侍臣王者宜推誠待人
漢用金日磾庸不足法耶初
高皇帝克元上都設開平衛戍守東接大寧古北
口西接獨石各置驛四自大寧旣棄開平勢孤五
年城獨石并徙開平衛凡棄地三百里自是盡失
龍岡灤河之險邊陲斗絕益騷然矣六年詔竊三

衛罪予自新以泰寧衛印奪于虜明年更給是歲阿魯台敗兀良哈遂住牧遼東塞九年瓦剌脫懽攻殺阿魯台併諸部勢寖强因通兀良哈正統元年福餘失印更給如泰寧例而脫懽遣使貢通兀良哈及女直潛伺屢諭不悛三年春其酋阿魯歹等以五百騎掠薊州獨石守將楊洪遮擊西凉亭生擒百戸乞麻里等奪所掠命集兀良哈使臣傒之市因諭都指揮安出等縛首惡獻明年夏三衛酋夕都等愬賞薄互市失利非

文皇帝故事因陛辭敕諭之其秋楊洪復破其騎五百于白塔兒　璽書褒賞五年貢使易農具歸見阻關吏爲言

上聽給予明年福餘部脫火赤完哈等徉射獵掠邊被獲明年復掠遼東守將曹義擒其酋孛台並磔之是時以都御史王翺督遼東軍務自山海抵開元斥堠相望謹備虜及三衛八年兀良哈諸部侵東北關索鹽米始於喜峯寄雲設都督及都指揮鎮守驗貢然多不過百餘騎九年以三衛聚犯

詔發兵二十萬分四道成國公朱勇出喜峰口左
都督馬諒出界嶺口興安伯徐亨出劉家口左都
督陳懷出古北口踰灤江渡柳河經大小興州過
神樹破福餘於全寧復破泰寧朶顏於虎頭出鹵
獲萬計而都督同知楊洪出黑山俘斬安出部各
論功加秩三衛從是寖衰然怨我遂刺骨因糾脫
懽子也先入寇爲之鄉導矣十二年春都御史王
翶同總兵曹義巡塞外抵廣寧兀良哈伏林中義
擊敗之十四年三月福餘泰寧共潛結也先入寇

朶顏獨扼險不從也先至不能入大掠二衛人畜去其秋旋與虜合土木北狩命都御史鄒來學經略京東幷設叅將總兵罷朶顏三衛互市景泰二年復議予貢當關驗放伴入然三衛常竄名北虜使中窺我遇北使厚不無心望且結婚遍北挾爲重稍用侵軼盡没遼河東西三岔河北故地薊遼多事自此始也四年兵部尚書于謙言三衛使疊至頗爲虜間宊令邊臣嚴備因條上防禦請事部是後使至伴二三人入京餘不得輒入關五年

泰寧衛都督僉事革干帖木兒乞大寧廢城及甲盾尚書謙持不可

帝重絕三衛懽遣譯者語大寧城逼近塞不便馳獵又炎暑多生疫其甲盾須寇至乃給六年及朶顏諸酋朝乞耕地及犂鏵種糧　詔予糧三十石亡何入邊叅政葉盛督師卻之天順三年虜酋孛來謀掠三衛諭革干帖木兒申儆進左都督明年死以其子脫脫孛羅襲父都督僉事時三衛多與孛來通貢使浮額自景泰末業從獨石萬全右衛

闌入至是隨孛來使者走雲中成化元年孛來爲
請賞勑諭四方貢使賞有成額三衛曩朝貢從東
路喜峰口今朶顏都督朶羅干等擅易貢道希混
賞 朝廷照例分別又何誅焉是歲寇邊遣都督
季鐸往諭至泰寧還兵部以奉使無狀請逮治
詔貸之泰寧衛酋請市牛及農具塞下并乞賜蟒
上諭蟒衣勿與它聽與民交易朶顏三衛各酋因
請職事兵部覆未有成勞例無陞授不許二年迤
比瓦剌遣使貢馬挾三衛從喜峰口入 詔待以

三衛禮勑其酋阿失帖木兒無糾朶顏妄更貢道三年海西女直偵報北虜毛里孩通朶顏三衛聲搶遼東勑遼薊宣大守臣嚴備四年及毛里孩侵天城遣都督李譯詰之五年諭三衛常貢外無進海東青兎鶻十二年勾虜癿加思蘭謀寇十四年三衛酋乘巨璫汪直與兵部侍郎馬文升爭女直巽同請開市二十年三衛酋復請改貢道從開原兵部援例議格先是自天順後虜酋潛結三衛蹂躪中朝因羈縻不絕誘致之亦不敢大爲寇弘治

二年兵部尚書馬文升奏往歲三衛盜虜馬經大
同宣府報虜老營今兩鎮經年不報疑彼此相通
乞於團營選馬步三千赴永平再三千赴密雲防
禦及會兩鎮巡操三年秋喜峰口出哨軍士撲殺
夷人十年燒荒出塞掩殺邊釁遂啓十一年冬朶
顏入寇兵部尚書馬文升議檄守臣分據要害相
機勦殺其貢夷令通事傳語利害歸與酋長約束
仍請勑三道切責三衛酋長並從之十七年朶顏
勾小王子入寇

上御煖閣召大學士劉健等議遏虜大學士李東陽言虜與朶顏通潮河川古北口距京師一日而近宜固根本無遠出師自疲

上深然之時朶顏部落益蕃屢侵盜而諸部獨花當以完者帖木兒裔種最貴花當次子把兒孫驍勇敢深入兼結婚小王子為中國患滋甚正德四年泰寧衛酋滿蠻率部落二萬餘欲附居近塞避北虜令居故鎮安堡戒無旁嚙其後花當部屢挾增貢詔暫增一年不為額花當部堅請不從乃益

勾小王子部虜十年把兒孫自鮎魚關毀垣入馬
蘭谷殺叅將陳乾等命都督桂勇征之把兒孫遣
扯禿等來請入貢且獻馬贖殺乾罪兵部尚書王
瓊持議必以把兒孫償乾乃罷兵予貢把兒孫輒
謾言呼扯禿等去我亦幸無事竟予把兒孫貢班
師亡何復入寇叅將魏祥全軍歿終正德世不能
聲討嘉靖初都督馬永帥薊有威信三衛頗親且
畏不敢深犯始花當長子華列孛羅早歿其次把
兒孫兒狡謀奪嫡以種人不附不得嗣花當為都

督至是把兒孫死革列孛羅子華蘭台貢馬請嗣兵部令轉譯部落方許貢華蘭台乃寇漁陽諸小關堡卒殘破十一年巡撫都御史王大用欲厚賂朶顔城其霧靈山不果會酋阿堆哈利赤頻入建昌喜峰太平諸塞恣殺掠華蘭台又請陞秩兵部以御史連疏詆大用請以毛伯温代大用既去虜益盜邊邊人皆廢耕牧而朶顔諸部日益横十八年花當宅子打哈脅求職事聲阻貢薊鎮請徵遼兵會剿

上令姑申諭之二十年華蘭台挾北虜求添貢衛
三百人不許請二百人亦不許時剽掠塞下聲結
小王子且晚入寇會俺答吉囊自雲中深入太原
邊臣恐謬曰頃山海關諸邊無儆亦朶顏諸酋功
也　詔補前貢失期者衛二百人明年復導虜犯
青山口內批以侍郎胡守中兼憲職勅撫守中憸
險嗜利多乾沒內帑金又擅出塞盡伐遼金以來
松木百萬自撤藩籬且徧索富人及舊弁金錢言
官論死西市巡撫徐嵩以阿附守中削籍尋坐贓

譚戊明年薊鎮出塞襲朶顔别部李家莊斬四十
級李家庄零夷居近獨石不通大虜慣盜馬獲而
善射虜追輒走險亦頗爲我扞邊是役藉態轉與
虜合而遼東塞亦以朶顔故連中虜二十六年兀
良哈益結海西建州夷出沒遼東西塞明年華蘭
台死子影克襲故事三衛以貢時身受職至華蘭
台父子始遣人代請而影克剽悍踰于父益誘俺
答大入塞二十九年遂導虜逼都城方虜急數言
遼陽軍遼陽軍者虜所呼朶顔也自庚戌後始設

薊遼總督調邊兵入衛及移戍薊無寧歲戚寧侯仇鸞既拜大將軍主開馬市誘俺答執送叛人蕭芹等受欵調知三衛虛弱朶顏酋影克實首禍欲發兵出擣以爲功兵部尚書趙錦及總督薊遼侍郎何棟持不可三十年冬棟計擒叛酋哈舟兒陳通事舟兒通事皆邊民降朶顏夷工爲虜諜至是就擒伏法傳首邊塞三十三年朶顏寇桃林關總督侍郎楊博復搆得首惡通漢請繫獄俟諸夷入貢械赴喜峰口宣示國威諸夷並竦三十六年虜

酋打來孫始收三衛導犯冷口三十八年虜酋把都兒辛愛挾朶顔酋影克勒數萬騎薄塞盡殺偵諜度灤水由潘家口入大掠薊總督侍郎王忬遣總兵馬芳等以輕兵八千出虜後牽制虜不敢深入三日引去　詔逮繫總兵歐陽安等并忬論死移總督宣大尚書楊慱代慱以朶顔等夷逼虜不爲用乃申約舉燧自居庸抵山海千里聯絡虜聞震疊終歲不敢近塞明年影克復勾把都兒辛愛等犯一片石叅將佟登等禦卻之四十二年虜數

萬騎破墻子嶺進掠通州，詔宣大總兵馬芳等馳援總督侍郎楊選逮繫棄市其冬三衛入貢禮部尚書李春芳請宣示諸夷哨報以時有反覆即閉關誅勦　詔所司豐廩賚稱朝廷柔遠意隆慶元年朶顏酋董忽力勾土蠻數萬騎大入界嶺口勢甚熾以援師四集走捧捶崖迷路墜崖蹂藉死董忽力亦華蘭台子也爲影克親弟是時影克出義院口爲我師火鎗擊死而子長昂與忽力頡頏

明年

上念山陵急薊以譚綸爲總督拜戚繼光爲大將
軍專理練兵浚隍增陴會俺答諸虜各奉欵迄隆
慶三衛修職謹邊鄙稍息而長昂得襲職爲都督
一名專難爲西虜青把都婿萬曆元年董忽力索
賞喜峰口啓釁總兵戚繼光勒兵青山圍勦忽力
以身免明年縛首惡獻予欵始改喜峰口守備爲
參將彈壓之而長昂與叔長禿擾寧前工三年春
總兵戚繼光追逐昂墜馬幾獲得躍上它騎去生
縛長禿覊董家口昂納馬鑽刀盟巳復合董忽力

縱掠四年朶顏乇部酋炒蠻乘夜入我鵶鶻安叅
將苑宗儒等死之六年昂勒賞阻諸夷進馬遣弟
蟒金率精騎窺喜峰西掠前屯薄山海一片石九
年西虜蟒古歹馳昂營謀大入遼十一年導虜以
三萬騎長驅中後所直馳山海關是時三衛屬夷
八十餘種而昂與董忽力大嬖只馬答哈炒蠻小
阿卜戸兵力寖盛號爲六兒然部落不踰萬十二
年長禿董忽力犯前屯錦義總兵李成梁追奔與
中遇西多斬獲其秋長昂亦大入劉家口[illegible]酋

虜哈不慎等勒萬餘騎以打牲爲名圖盜邊會
上視山陵昻往來虹螺山射獵調部夷東西馳甚
恣也而忽力以犯遼罷賞頗窘十三年率枝屬三
百餘叩關鑽刀長昻以遼鎮聲搗穴一夜數徙帳
亦哀請欵及已得撫則愈驕十七年再入花場谷
十七年昻遣弟獐兎擬討來調盟石門遊擊陳愚
聞紿執通事張五烈等僇之其冬昻同弟蟒金犯
董家口二十二年我哨騎生得伏諜郎打兒罕等
七人郎打兒罕係昻心膂昻願革二年舊賞請贖

上幸許昂自是亦稍戢二十四年福餘酋伯牙兒
挾賞羅文谷拒卻之明年以千餘騎突青山口及
連犯扒頭崖三道嶺並失利二十九年叩關歃盟
長昂亦以是歲聽復木市寧前頃之㣙兎撥計修
石門郄掠車廠庄總兵尤繼先出塞擊虜紅草溝
擒斬八十有奇昂與蟒金代叩關三十四年撥計
挾賞葦子谷昂與蟒金指減貢夷表裏亦勾西虜
班不來世等謀聚兵侵薊明年昂圍獵墜馬死子
賴暈歹踵昂轍同蟒金料阿鎮等九夷挾賞擦崖

子關三十六年大入建昌河流ㄕ遼鎮總兵杜松
襲拱兎部夷來告掟諸夷盔開因入大勝堡總督
侍郎王象乾諭諸夷各聽撫專勒賴蟒賴蟒勢孤
乃屬西虜啞拜台吉請款四十年蟒金等酋以千
餘騎縱掠曹庄明年滿旦變只亦連犯掛甲嶺麻
郎谷四十三年入窺㕓房烽延燒黄花邉外山塲
四十六年奴兒哈赤躪撫順滿旦及男溫布台吉
等乘隙睨石塘而馬蘭亦報蟒金聲犯桃林界嶺
薊鎮戒嚴明年石塘遊擊朱萬良調援遼滿旦母

子益恣以萬騎入攻白馬關及高家堡項之尋盟
而乇酋駱駝那莫賽召里賓等時時傳調聲挾蓋
隆萬來三衛稱梟桀者長董爲寇而長昂雄塞上
垂四十年每勾西虜爲重其後寗藉冒賞衛系蹂
雜而土蠻部落亦報箭入市如虎墩炒花宰煖輩
並詭三衛加額濫觴不可復詰至滿旦以一夷婦
躑躅曹石間居然勁敵尤可嘆也大抵三衛與韃
靼同俗專逐水草喜偷剽時入漠北盜馬率三四
人驅千百匹虜尾追不敵則降事之爲導至約婚

詛誓常營遼河兩岸潛伺而貪中國賜予亦時以虜情輸我得先時設防向本仗爲藩籬及其叛猶不失爲耳目顧我善馭之如何迫則鋌而走虜耳目塗塞將爲憂滋大耳考三衛各分地住牧率以廣寧爲界福餘泰寧頗鄰遼陽開原而朶顏獨集寧遠迤西境外虹螺山盡有舊大寧地花當巢穴直古北口西北葫蘆峪故福餘泰寧恒與東虜合朶顏恒與西虜合衛制首泰寧次福餘次朶顏而朶顏於三衛地最險偪虜及二衛益衰朶顏獨强

盛今遂用爲首稱曰朵顏三衛云

○論曰三衛地界宣遼爲薊門之肩背自大寧失而宣遼隔絕昔人有血脈壅滯肩背拘攣之恨豈不信哉世多以

文皇帝畀虜爲口實爰攷永樂宣德有勦捕之

詔有宣捷之勑除惡務本曷嘗不釐門庭之誠乎

且

文皇帝嘗語大學士金幼孜曰今守開平與和大寧邊境可幸無事當日無棄大寧意甚明大寧棄

斯開平難守開平棄斯古北可虞胡馬雲擾誰階之厲初以三衛偵虜亦略倣漢倚烏桓伺匈奴或謂善處之可因以爲間雖籓籬失而耳目在計非全拙乃市賞無藝至爲東西虜攘臂掛藉譬養鷹而縱紲去手又如之何余攷兀良哈事至霧靈山不果城更以媒諸未嘗不嘆邉臣之難爲任也